आधी उम्र

अल्फ़ाज़ों का जज़्बाती सफ़र

लवकेश "गौरव"

ISBN 979-8-89-544206-7

समर्पण

मेरा हर एक लफ़्ज़ समर्पित है उसको, जो पंछियों में उड़ान ढूँढता है, जो पहाड़ों को प्रेम करता है, जो नदियों की तरह निर्बाध बहता है, जो सूखे पेड़ों को नया जीवन देता है, जो आकाश को अपने में समेट लेता है, जो अंधे को सड़क पार कराता है, जो गीता का ज्ञान भी रखता है और मैक्सिम गोर्की को भी पढ़ता है, जो महासमर भी कंठस्थ करता है और टालस्टाय को भी जानता है, जो प्रेम करता है तो मीरा की तरह और युद्ध करता है तो भीम की तरह.............

मेरा हर एक लफ़्ज़ समर्पित है मेरी ज़िंदगी को।

अपनी बात

प्रिय पाठकगण,

आपकी कचहरी में अपना प्रथम ग़ज़ल और कविताओं का संग्रह लेकर उपस्थित हुआ हूँ। ये संग्रह हिंदी और उर्दू के लफ़्ज़ों की जुगलबंदी है।

इस क़िताब के ज़रिए मैंने अपने दिल की गहराइयों से निकले कुछ जज़्बातों को आप तक पहुँचाने की कोशिश की है । यह मेरी पहली कोशिश है और मैं कोई पेशेवर शायर नहीं हूँ, बस दिल की आवाज़ को अल्फ़ाज़ों में पिरोने का एक छोटा सा प्रयास है।

"दिल की गहराइयों से निकले अल्फ़ाज़ों का सिरा नहीं मिलता,
तेरे इश्क़ की राह में किसी और का पता नहीं मिलता।
तेरी यादों में बसी हर एक बात को हमने लिखा है,
वर्ना हमारे दिल को सुकून का रास्ता नहीं मिलता।"

यह मुमकिन है कि इस किताब में आपको कुछ ग़लतियाँ मिलें। इसके लिए मैं पहले से ही मुआफ़ी चाहता हूँ। शिल्प की दृष्टि से ग़ज़ल में क़ाफ़िया, रदीफ, बहर का महत्व है। पर ग़ज़ल में ग़ज़लियत का होना सबसे ज़रूरी है। चूँकि ना तो मैंने लिखना सिखा है, ना ही मेरा कोई गुरु है इसीलिए मैंने ग़ज़लियत पर ज़्यादा तवज़्ज़ो दी है। मैं ग़ज़ल के क़वायद (नियम) को समझने में भी नाकाम हूँ, पर यह मेरे सच्चे जज़्बातों को बयां करने का एक सच्चा प्रयास है, और आपसे रियायत की उम्मीद रखता हूँ।

इस क़िताब का शीर्षक "आधी उम्र" ही ये बताने की लिए काफ़ी है कि मैं शायद उम्र के आधे पड़ाव को पार कर चुका हूँ और ये उसी का लेखा जोखा है। यूँ तो मेरे इस आधी उम्र के सफ़र को कई किताबों में भी बयाँ कर पाना आसान नहीं, इसीलिए मैंने कहा -

घर की छतों पर ज़ाले लटक रहे हैं

ख़ुशियों की संदूक पर ताले लटक रहे हैं

घर से निकले थे हम मंज़िल का पता लेकर

आधी उम्र गुज़र गयी अब तक भटक रहे हैं

इस संग्रह में पेश की गई नज़्में और ग़ज़लें मोहब्बत और ज़िंदगी के विभिन्न रंगों और पहलुओं को दर्शाने का प्रयास करती हैं। कभी ये अशआर आपको मोहब्बत की मिठास का अहसास कराएँगे, तो कभी जुदाई के दर्द से भी रूबरू कराएँगे।

ज़िन्दगी की राहों में मोहब्बत का सफ़र एक ऐसा जादुई अनुभव है, जो हर दिल को एक अलग अंदाज़ में छूता है। इस सफ़र में हम दर्द, ख़ुशी, उम्मीद और नाउम्मीदी के बीच झूलते रहते हैं। यह क़िताब उन्हीं अनकहे अहसासों को उजागर करने का एक विनम्र प्रयास है।

मुझे उम्मीद है कि ये नज़्में और ग़ज़लें आपके दिल को छू पाएँगी और आपके जीवन में मोहब्बत की नई रोशनी जगाएँगी।

आपकी प्रतिक्रियाओं और सुझावों का स्वागत है, जो मुझे आगे बेहतर लिखने की प्रेरणा देंगे।

शुक्रिया
आपका,
लवकेश "गौरव"

अंतर्वस्तु

ग़ज़ल
और
कविताएँ

घर

घर हमारा राह तुम्हारी तकता रहता है,

बिन हवा बिन सूरज के घुटता रहता है,

वो दीवारें घड़ी की टिकटिक से डर जाती हैं,

मन ही मन में ग़म ही ग़म से भर जाती हैं,

वो अलमारी कपड़ों वाली फिर भी इतराती है

तुम्हारे कपड़ों की महक इसे तो आती है

वो बिस्तर शायद पूरे घर में सब पर राज़ करता है

सबसे ज़्यादा छुआ है तुमको, इस पर नाज़ करता है

मंदिर के भगवान भी तुम्हारी पूज़ा को तरसते रहते हैं

दर, दीवार, घड़ी, बिस्तर, अलमारी सब तुम्हें याद करते रहते हैं

मग़्फ़िरत

तुम सहर हो,

सहरा भी हो,

तुम ग़ज़ल हो, मिसरा भी हो,

तुम आरज़ू हो मेरी, तुम ही आसरा भी हो

तुम बाँसुरी की धुन हो, तुम वीणा की तान भी हो,

तुम ताक़त हो मेरी, तुम अभिमान भी हो,

तुम भोर की लालिमा हो, तुम चाँद की चाँदनी भी हो,

तुमसे ही महकती हैं फ़िज़ाएँ, तुम ही बारिश की पहली बूँद भी हो,

तुम गीली मिट्टी की खुशबू हो, तुम ही तितलियों की तलाश भी हो,

तुम्हारी आंखें है समंदर शराब का, तुम ही मेरी प्यास भी हो,

तुम्हारे लब है जैसे गुलाब हैं, तुम ही चमन की आस भी हो,

तुम फूल हो, ख़ुशबू भी हो,

तुम पेड़ हो, छाया भी हो,

तुम नदी हो, झरना भी हो,

तुम ही मेरी मृगतृष्णा भी हो,

तुम ही बादल हो, तुम ही बरसात भी हो,

तुम दूर भी हो मुझसे, मगर बहुत पास भी हो,

तुम जेठ की दोपहर हो, शाम का एहसास भी हो,

तुम जाड़े की ठंड हो, धूप की गुनगुनाहट भी हो,

तुम भंवरे की गुंजन हो, पक्षियों की चहचहाट भी हो,

तुम मेरी बेचैनी हो, तुम ही राहत भी हो,

तुम हसरत हो मेरी, तुम ही हिमाक़त[1] भी हो,

तुम मोहब्बत हो मेरी, तुम ही इबादत भी हो,

तुम ही फितूर हो मेरा, तुम ही फितरत भी हो,

ख़ुदा से पहले हो मेरे लिए, तुम ही मग़्फ़िरत[2] भी हो ।

---

[1] अज्ञानता, नादानी

[2] मोक्ष

ख़ून

मैंने अपना ख़ून किया है,

अरमानों का गला घोंटा है,

दिमाग को क्षत विक्षत किया है

पल पल जहर का घूँट पिया है,

मैंने अपना ख़ून किया है,

अपने दिल की नसें काटी हैं,

अपनी रगों में जहर भरा है।

अपने जख्मों को नमकीन सुई से सिया है,

मैंने अपना ख़ून किया है

अपनी रूह की नोंचा है,

अपने जिस्म को चाकूओं से गोदा है,

अपने दिल का सुकून पिया है।

मैंने अपना ख़ून किया है।

अपने ज़मीर को मारा है हर दिन,

कोई और बनके हर पल जिया है।

मैंने अपना ख़ून किया है।

अपनी आँखो से ख़ून रोया है,

अपने आंसूओं से किरदार धोया है,

ना ही पा सका कुछ और खुद को भी खोया है,

हँसते हँसते खुद को बर्बाद किया है,

बर्बादी में सुकून जिया है।

मैंने अपना ख़ून किया है।

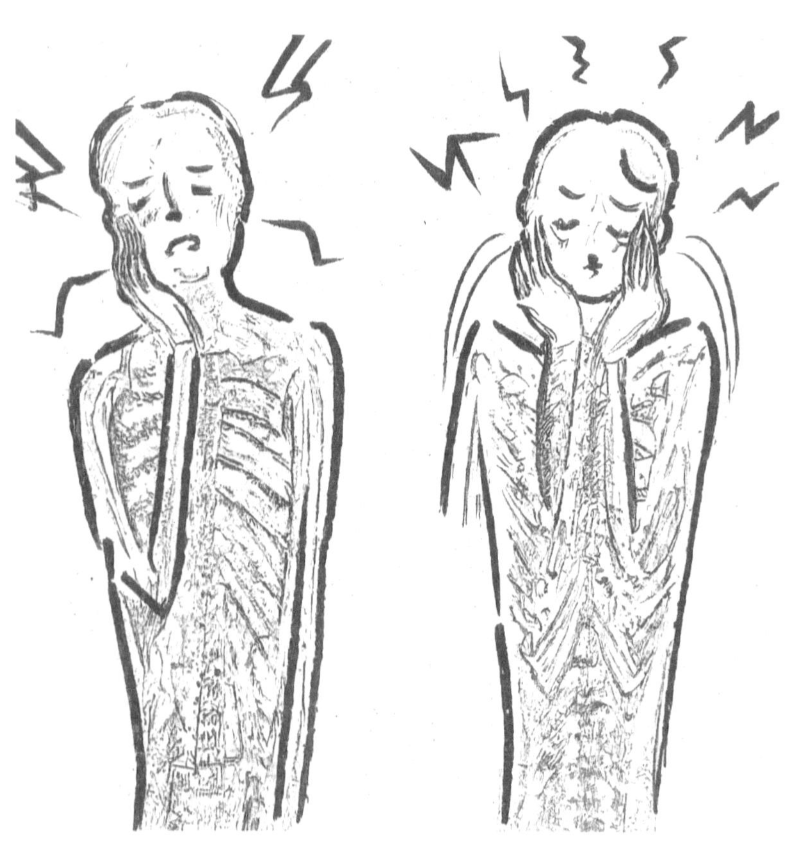

घड़ी

जी करता है कि

घड़ी की सुइँया तोड़कर

वक्त को मार डालूँ

घोंप दूँ कैलेण्डर के सीने में

काट डालूँ सारे दिनों को

सिर्फ एक दिन को छोड़ कर

एक दिन

सिर्फ एक दिन

जिस दिन तुम मिलोगे मुझसे

पर सोचता हूँ जाने वो

कौन सा दिन होगा

जिस दिन

मैं देखूँगा

चाँद को अपने

कब होगी मेरी ईद

इसी लिए काट नहीं रहा हूँ

कैलेण्डर के दिनों को

गिन रहा हूँ।

घड़ी को भी धमका कर काम चला रहा है।

शायद ऐसे ही दे दे ये

साथ मेरा।

मैं

घर की चार दिवारी और मैं
सारी दुनियादारी और मैं
शदीद प्यास और मैं
तमाम आस और मैं
ऊँची उड़ान खुला आसमान ये दुनिया
कफ़स[3] में क़ैद पंछी और मैं
गहरी ख़ामोशी और मैं
बेहद उदासी और मैं
थोड़ी बदहाली और मैं
रातें काली और मैं
बेबसी बदहवासी और मैं
ख़ुशियाँ स्वर्गवासी और मैं
जश्नों के खंड़हर और मैं
ख़्यालों के बवंडर और मैं
दरिया की रवानी और मैं
ख़्वाबों की पासबानी[4] और मैं
अधूरी एक कहानी और मैं
सहरा की बे-क़रानी[5] और मैं
समंदर उफ़ानी और मैं
रात एक तूफ़ानी और मैं
सूखा एक शज़र[6] और मैं
काँटों भरी डगर और मैं
बेरहम एक सय्याद[7] और मैं
दिल-ओ-ज़ेहन बर्बाद और मैं
उलझी एक कहानी और मैं
ज़िंदगी एक गिरानी[8] और मैं

---

[3] पिंजरा
[4] पहरेदारी, निगहबानी
[5] अनंत
[6] पेड़
[7] शिक़ारी
[8] भारीपन, भार, बोझ

संजीवनी

मैं दबा हूँ दबा ही रहूँगा

मैं गिरा हूँ गिरा ही रहूँगा

साँस आएगी साँस जाएगी

मगर

मैं मरा हूँ मैं मरा ही रहूँगा

तुम लाख बढ़ाओ अपना हाथ

मगर शायद

मैं पड़ा हूँ मैं पड़ा ही रहूँगा

तुम उठाओ खूब उठाओ सर हमारा

मैं झुका हूँ मैं झुका ही रहूँगा

मुझे मालूम है तुम चाहती हो सँवारना

मगर

मैं बिखरा हूँ मैं बिखरा ही रहूँगा

तुम चाहती हो रंग भरना मुझमें

मैं मगर बेरंग हूँ बेरंग ही रहूँगा

तुम चाहती हो रस भरना मुझमें

मैं मगर नीरस हूँ नीरस ही रहूँगा

तुम आयी हो बचाने, मुझे है मालूम

मैं मगर मरूँगा मरकर ही रहूँगा

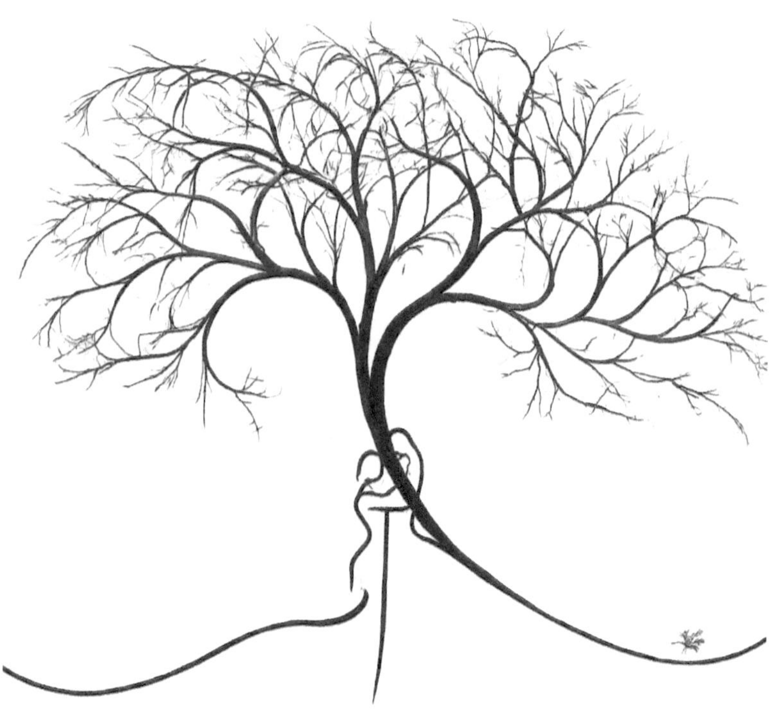

ज़िस्म

तेरे ज़िस्म का एक सिरा पकड़ूँ

और तुझमें उतर जाऊँ

तेरी साँसें ले जाएँ जहाँ जहाँ

मैं फिर वहाँ वहाँ जाऊँ

तेरे दिल का दरवाज़ा खोलूँ

और उसमें ठहर जाऊँ

दिल से ज़ेहन

ज़ेहन से दिल

मुसलसल सफ़र पाऊँ

ना हो फ़र्क़ तेरी और मेरी रूह में

इस दर्जा मैं तुझ में समा जाऊँ

टकराने दूँ साँसों को साँसों से

फिर टूट कर तुझ में ही बिखर जाऊँ

स्याह रात

मेरी ज़िंदगी थी कि एक अधूरी ग़ज़ल

तुमने इसे मुक़म्मल[9] किया है

ख़ुशियाँ थी बस पल दो पल

तुमने इसे मुसलसल[10] किया है

था मैं एक सूखा हुआ शज़र

छूकर तुमने इसे संदल[11] किया है

मैं उलझा हुआ था ज़िंदगी की रियाज़त[12] में

तुमने मुझे हल किया है

था मैं जैसे जन्मों से प्यासा सहरा[13]

तुमने इसे जल थल किया है

धहक रही थी ज़िंदगी आफ़ताब[14] की तपिश से

तुमने इसे अपना आँचल दिया है

हर शय[15] माक़ूल[16] नज़र आती है

तुमने ऐसा मुझे पागल किया है

अब कट जाती है स्याह रात भी

तुमने इसे आँख का काजल किया है

---

[9] पूरा

[10] निरंतर, लगातार, सतत

[11] चंदन

[12] उलझन, तपस्या, कसरत

[13] मरुस्थल, रेगिस्तान,

[14] सूरज

[15] वस्तु, चीज़

[16] उचित, तर्कसंगत, पर्याप्त

इबादत

कुछ इस कदर मेरा इश्क़ परवान[17] चढ़ता गया

वक्त गुजरता गया और दर्द बढ़ता गया

जब जब मैंने की तेरे लौट आने की उम्मीद

मेरी ज़िंदगी का अंधेरा और बढ़ता गया

मैं चाहता तो बन जाता मजनूँ रांझा या महीवाल

मगर घर का बड़ा था तो खुद में ही कुढ़ता गया

जानता था कि नहीं मिल सकेंगी हमारी राहें

मगर मोहब्बत का नशा जितना उतारा चढ़ता गया

वो राह जो तेरी इबादत[18] की और ले जाती है

क़दम दर क़दम मैं उस राह पर बढ़ता गया

---

17 हद, विश्वसनीय, जहाज़ का मस्तूल
18 पूजा, बंदगी

अंज़ाम ए मोहब्बत

उसने कहा मुझसे दूर चले जाओ

मगर उसकी आँखों में नमी थी

उसने कहा अब मुझसे मिलना मत

मगर उसकी आँखें बर्फ़ सी जमी थी

लग रहा था मानों सारी क़ायनात

उस पल कुछ पल को थमी थी

काँप रहे थे उसके लब

साँसें सर्द और

वो थी थोड़ी सहमी हुई

उसकी नज़रों की

मेरी नज़रों से

बहुत देर तलक़[19] गहमागहमी हुई

था मालूम मुझको

जुदा होना है रिवायत ए अंज़ाम ए मोहब्बत[20]

मगर मैंने की जुर्रत ए ख़याली[21]

कि मुख़्तलिफ़ होगा मेरा अंज़ाम ए मोहब्बत

मगर इस कमबख़्त इश्क़ में

हर आशिक़ की तरह

मुझ पर भी बेरहमी हुई

---

[19] तक
[20] प्रेम के अंत होने की रस्म
[21] सपने देखने का साहस

लापता

एक लड़की जिसे अपने बारे में सब पता है

वो चाहती है सबका भला, यही उसकी खता है

वो है बहुत खुद्दार, नहीं ज़रूरत उसे किसी की

मगर उसे भी चाहिए साथ ये बस मुझे पता है

उसकी बातों में है एक अजीब सी क़शिश[22]

जैसे ग़ुलाम बनाने का हुनर उसे बख़ूबी पता है

वो पल भर भी ना हो तो छा जाती है मायूसी

जैसे फूलों को भी मुस्कुराने के लिए वो चाहिए

वो हूर होकर भी खुद में मुक़म्मल[23] नहीं

वो खुद तो बापता[24] है मगर उसकी ख़ुशियाँ लापता हैं

उसका भी है ख़्वाब इन ग़मों से रिहायी का

नहीं मालूम उसको कि ख़्वाब देखना भी ख़ता है

अब तो है तमन्ना कि हासिल हो उसे हर ख़ुशी

इसी मक़सद से "गौरव" की हर नमाज़ अता है

---

[22] आकर्षण
[23] पूर्ण
[24] जिसका पता मालूम हो

तुम

तुम शब हो मेरी

तुम ही सहर हो

लम्हा दर लम्हा हो

तुम ही आठों पहर हो

तुम दुआ हो मेरी

तुम ही असर हो

तुम मंज़िल हो मेरी

तुम ही सफ़र हो

तुम उड़ान हो मेरी

तुम ही पर हो

तुम शज़र[25] हो मेरे लिए

तुम ही समर[26] हो

तुम हमनवा[27] हो मेरी

तुम ही हमसफ़र हो

तुम पता हो मेरा

तुम ही डगर हो

तुम दीवार भी हो

तुम ही दर हो

तुम छत हो मेरी

तुम ही घर हो

---

[25] पेड़
[26] संरक्षण, सुरक्षा
[27] साथी

सोचा ना था

यूँ उठकर चल दोगी

सोचा ना था

मेरे डर को यूँ बल दोगी

सोचा ना था

यूँ तो आयी ही थी मेरी ज़िंदगी बदलने को

मगर यूँ बदल दोगी

सोचा ना था

था हमेशा सवाल ताउम्र साथ रहने पर

मगर अभी से चल दोगी

सोचा ना था

था खूबसूरत हर एक लम्हा तेरे साथ

उन्हें पल में कुचल दोगी

सोचा ना था

मैंने जो चंद अमानत सँज़ो के रखी थी

उन्हें भी ख़ो के चल दोगी

सोचा ना था

देना तो था मुझे तर्क ए ताल्लुक़[28] का तोहफ़ा

मगर वो इसी पल दोगी

सोचा ना था

छोटा सा ही सही

ये दो रूहों का सफ़र

यकायक[29] हो जाओगी ओझल

सोचा ना था

---

[28] रिश्ता नाता तोड़ लेना, अलग होना

[29] अचानक

सर्द

अब तो बहुत अंदर तक सन्नाटा है
कोई तूफ़ान आने वाला है क्या?
मेरा दिल आज़कल मेरा साथ नहीं देता
मुझे छोड़ कर जाने वाला है क्या?
मुझसे वो नज़दीकियाँ बहुत बढ़ा रहा है
मुझसे दूर जाने वाला है क्या?
मेरी बर्बादी की दुआयें माँग रहा है
मेरा चाहने वाला है क्या?
बहुत सर्द महसूस कर रहा है ये शहर
मेरा घर जलाने वाला है क्या?

हमारा घर

एक घर हो

जिसमें प्यार बहता हो

जिसमें तुम चहकती हो

जिसमें वफ़ा महकती हो

एक घर हो

जिसमें बातें बरसती हों

जिसमें रातें चमकती हों

एक घर हो

जिसमें सब रंग बिखरे हों

जिसमें सब रिश्ते निखरे हों

एक घर हो

जिसमें ग़म बहरे हों

जिसमें ख़्वाब ठहरे हों

एक घर हो

जिसकी हर दीवार ग़ज़ल हो

जिसकी हर चौखट कमल हो

एक घर हो

जिसमें सुबह खिलखिलाती हो

जिसमें शामें कहकहे लगाती हो

एक घर हो

जिसमें हँसी फैली हो

जिसमें ना कोई बात मैली हो

एक घर हो

जिसमें इश्क़ किराया हो

जिसमें ना कोई पराया हो
एक घर हो
जिसमें सोफ़े पर रखे हों बातों से भरे तकिए
जिसमें बिस्तर पर प्यार की सिलवटें हों
एक घर हो
जिसमें ख़ुदा की बरक़त हो
जिसमें तुम्हारी रंगत हो
एक घर हो
जहां झूले पर झूलते शाम गुजरे
जहां रात दिन तुम्हारे महके ग़ज़रे
जहां ख़ुशियों के बादल छाए हों
जहां बस तुम्हारे और मेरे साये हों
जहां तुम्हारी हँसी से सुबह हो
जहां तुम्हारी ज़ुल्फ़ों से रात हो
जहां तेरा और मेरा साथ हो
हर पल मेरे हाथ में तेरा हाथ हो
जिसके ज़र्रे ज़र्रे में तेरी बात हो
ऐसा एक घर हो
हमारा घर

शर्बत-ए-दीदार

वो टूटता हुआ सितारा हर बार ख़्वाहिश ये मेरी पूरी कर जाए

आँखें खोलूँ और सामने वो नज़र आए

भरकर बाहों में वो मुझको उठाए

मैं उसमें बिखर जाऊँ, वो मुझमें बिखर जाए

छुए जब आँखों से तो आकाश सिमट जाए

भर के चाँद तारों से ये रूह जगमगाए

ज़ख़्म ए दुनिया से कहीं दूर लेकर जाए

छुए जो उँगलियों से तो सारा ज़िस्म थरथराए

थामे जब वो हाथ तो मन ये सिहर जाए

लिखे जब उँगलियों से तो शाम सँवर जाए

जब भी वो शर्बत ए दीदार[30] को आए

शाम थम सी जाए, रात ठहर सी जाए

---

[30] दृष्टिरस (इस दर्शन से अभिप्राय प्रेमिका के दर्शन से है)

सबक़

क्यूँ करता है तू उम्मीद, मत किया कर

जो मिल गए हैं ग़म तुझे, बस उन्ही को ज़िया कर

ये शहर की हवा बिगाड़ कर रख देगी तुझे

तू है देसी गँवार, तू बस घी पिया कर

पूरी दुनिया डूबी रहती है, मोहब्बत के समंदर में

है ये तेरे लिए हराम, ये तू मत किया कर

क्या कहा? तेरी मोहब्बत ज़माने से जुदा है

ये हैं ख़याली बातें, ये तू मत किया कर

खुद को तबाह करना, सबको बसाए रखना

उम्दा ये सबक़, तू "गौरव" से लिया कर

पक्के नमाज़ी

कभी तो आएगी मंज़िल

चलो चलते हैं

भरी आँधियों में भी तो

दीप जलते हैं

डरे सहमे माहौल में भी तो

ख़्वाब पलते हैं

इबादत का ही है हिस्सा

जो परवाने जलते हैं

हैं हम पाबंद तेरी मोहब्बत के पक्के नमाज़ी की तरह

हम कहीं टालने से टलते हैं

बहुत आसां है मेरी हसरतों को पाना

हम बस तेरी मुस्कान से ही बहलते हैं

इस बरस

प्यार भरे दिन हों,

विसाल[31] भरी रात रहे

थोड़ा और रूहानी तेरा मेरा साथ रहे

एहसासों की धूप हो,

जज़्बातों की बात रहे

हर पल मेरे हाथ में तेरा हाथ रहे

बहुत रह चुके हैं हम

अलग अलग ख़ेमों में

या ख़ुदा! इस बरस हमारे हक़ में क़ायनात रहे

---

[31] मिलन

तेरा नूर

मेरे दिल को करे चकनाचूर

तू और तेरा नूर

करे तेरी इबादत को मजबूर

तू और तेरा नूर

ज़माने को जलाने का दस्तूर

तू और तेरा नूर

लाख हो इम्तहान, चमके बदस्तूर

तू और तेरा नूर

जिस से फूटे बीनाई[32] और शउर[33]

तू और तेरा नूर

मेरे दिल में है भरपूर

तू और तेरा नूर

---

[32] बुद्धिमता, होशियारी
[33] सलीका

प्रारब्ध

वो

जो समंदर में डूबते हुए को

दूर एक जहाज़ आते हुए दिखता है

जिसे देखकर लगता है कि शायद

अब दोबारा जी उठूँगा मैं

वो तुम हो

मेले में

जब एक बच्चा गुम हो जाता है

भीड़ में उसे कुछ समझ नहीं आता है

फिर कोई आकर उसे घर तक पहुँचाता है

वो तुम हो

वो

जो मेलुहा में शिव को

उसका प्रारब्ध बताता है

वो तुम हो

पाक मोहब्बत

वो मुझको पास देखकर इठलाना तेरा
वो मन ही मन दिल को बहलना तेरा
वो धीरे से शरमा कर झेंप जाना तेरा
और तुम्हें यूँ देखकर बहक जाना मेरा
इस जहां को जला कर ख़ाक कर देगा
पर तेरी मेरी मोहब्बत को पाक कर देगा

जंगल

उसके जाने के बाद

मेरा मन कुछ ऐसे लापता है

जैसे जंगल में खोया

एक हिरन का बच्चा

अकेला

हताश निराश बेबस उदास

जिसे ना पता हो

कहाँ जाना है

क्या करना है

उसे ना आज का पता है

ना कल का

उसे पता है तो बस ये

कि जो उसे सबसे प्रिय था

वो बिछुड़ चुका है

और अब लौट कर भी नहीं आएगा

मगर उसे अभी भी उम्मीद है

कि कोई आएगा

उसका हाथ थामेगा

और

ज़ीना सिखाएगा

मगर ये इंतज़ार ना जाने

कब तक चलेगा

और कब तक बच पाएगा

वो हिरन का बच्चा

इस भयावह जंगल से

आख़िरी मुलाक़ात

जब देखा था पहली दफ़ा उसको

चेहरा था खिला खिला सा नूर था सज़ा सज़ा सा

थी वो ख़ुदा सी मूरत

था मैं ठगा ठगा सा

बहुत कुछ था कहने को

पर था दिल में दबा दबा सा

फिर हुआ वो ओझल आँखों से

मैं था जद्दोजहद में फँसा फँसा सा

एक वक्त बीता फिर वक्त से जूझते जूझते

मैं था ख़ुद में उलझा उलझा सा

फिर आख़िरी बार हुआ उस से सामना

थी वो बुझी बुझी सी

था मैं बुझा बुझा सा

चलो चलते हैं

चलो चलते हैं

एक ऐसे सफ़र पर जहां मंज़िलें ना हों

चलो चलते हैं

एक ऐसे सफ़र पर जहां बंदिशें ना हों

चलो चलते हैं

एक ऐसे सफ़र पर जहां रिवायतें[34] ना हों

चलो चलते हैं

एक ऐसे सफ़र पर जहां शिकायतें ना हों

चलो चलते हैं

एक ऐसे सफ़र पर जहां सवेरा ना हो

चलो चलते हैं

एक ऐसे सफ़र पर जहां ग़म का बसेरा ना हो

चलो चलते हैं

एक ऐसे सफ़र पर जहां दूरी ना हो

चलो चलते हैं

एक ऐसे सफ़र पर जहां मजबूरी ना हो

चलो चलते हैं

एक ऐसे सफ़र पर जहां ख़ुदा ना हो

चलो चलते हैं

एक ऐसे सफ़र पर जहां हम जुदा ना हों

चलो चलते हैं

एक ऐसे सफ़र पर जहां अरमान ना हों

---

[34] रीति रीवाज़, रस्में

चलो चलते हैं

एक ऐसे सफ़र पर जहां पहचान ना हो

चलो चलते हैं

एक ऐसे सफ़र पर जहां सवाल ना हो

चलो चलते हैं

एक ऐसे सफ़र पर जहां मलाल ना हो

चलो चलते हैं

एक ऐसे सफ़र पर जहां ईमान ना हो

चलो चलते हैं

एक ऐसे सफ़र पर जहां मीज़ान[35] ना हो

चलो चलते हैं

एक ऐसे सफ़र पर जहां सिर्फ़ मैं और तुम हो

चलो चलते हैं

एक ऐसे सफ़र पर जहां बाक़ी सब गुम हों

चलो चलते हैं

एक ऐसे सफ़र पर जहां तीसरा शामिल ना हो

चलो चलते हैं

एक ऐसे सफ़र पर जहां कुछ हासिल ना हो

---

[35] तराज़ू

वो साया

लोग कहते हैं

मुझे एक साये से मोहब्बत है

मेरे लिए ये ख़ुदा की इबादत है

कितना भी करो जतन तुम

ख़ुदा को पा नहीं सकते

उसे सोच तो सकते हो

उसके पास जा नहीं सकते

दुआ मैं उस से भी करता हूँ

ख़ुदा से भी करता हूँ

उसे भी खोने से डरता हूँ

ख़ुदा को भी खोने से डरता हूँ

दोनो को ही सोचता हूँ तो

आँखें बंद हो जाती हैं

बंद आँखें दोनो का ही दीदार कराती हैं

इश्क़ और इबादत हैं दोनों एक जैसी

दोनों सब कुछ खोकर पाना सिखाती हैं

तेरी याद

तुम्हारी याद आती है
जब बादल गरजते हैं
जब नैना तरसते हैं
जब सूरज चमकता है
जब चाँद दमकता है
जब अंधेरा डराता है
जब रोशनी जलाती है
तुम्हारी याद आती है

तेरी बाहें

आओ ज़रा बाहों में जकड़ लूँ तुमको

आओ ज़रा कमर से पकड़ लूँ तुमको

अपनी उँगलियों से छेड़ूँ तार ज़िस्म के तुम्हारे

हो वक्त सूरज ढलने का, हों हम नदी के किनारे

हो मीठी मीठी ठंड तू मुझसे लिपट जाए

तेरी मेरी बाहों में ये दुनिया सिमट जाए

चले आओ

चले भी आओ कि ये नज़रें इंतज़ार करती हैं

कब तलक़ तस्वीर से बहलाऊँ

अब आ भी जाओ कि ये दिल सवाल करता है

कब तलक़ बातों में उलझाऊँ

पुकार भी लो कि कान तरस रहे हैं

कब तलक़ ख़याल ही सुनाऊँ

पिला भी दो अपने होंठों से वो शराब

कब तलक़ पानी से प्यास बुझाऊँ

मेरी कहानी

हसरतों का सैलाब है, उलझनों की सुनामी है

ख़ैर छोड़ो मेरी कहानी में बहुत कहानी है

कभी घनी धूप है कभी दरिया उफ़ानी है

ख़ैर छोड़ो मेरी कहानी में बहुत कहानी है

कभी लगती है बेशक़ीमती कभी लगती बेमानी है

ख़ैर छोड़ो मेरी कहानी में बहुत कहानी है

क़रीब

इतना भी मत आ क़रीब दिल में उतर जाएगा

मैं तो बिखर जाऊँगा चाहे तू संवर जाएगा

दिल को क्या चाहिए ये तो इसे भी नहीं पता

अब तो उधर ही जाएगा जिधर तू जाएगा

यूँ तो नहीं है ख़ौफ़ "गौरव" को मोहब्बत करने से

मगर अब के जो टूटा तो किधर जाएगा

मुक्तक और क़ता

****

जो छू ले तुझे एक बार
वो उम्र भर चहकता है
अल्लाह ने नवाज़ा है बरकतों से तुम्हें
तुमसे ज़्यादा तुम्हारा किरदार महकता है

****

घर की छतों पर ज़ाले लटक रहे हैं
ख़ुशियों की संदूक पर ताले लटक रहे हैं
घर से निकले थे हम मंज़िल का पता लेकर
आधी उम्र गुज़र गयी अब तक भटक रहे हैं

****

****

क़ाश रोने के लिए भी मेहनताना मिलता
मेरे घर की तिज़ोरी में भी ख़ज़ाना मिलता
अभी चलता हूँ मैं सरेराह तनहा
मेरे हक़ में भी चलता ज़माना मिलता

****

जाना! तुम पर ये इल्ज़ाम मुझे धरना नहीं है
तेरी आँखों में डूबना है, मगर मरना नहीं है
तुझे आँखों में भर लूँ कि बाहों में,
ज़ेहन में बसा लूँ कि सीने में
आसां ये फ़ैसला करना नहीं है

****

****

पलकों की पालकी पर तुमको बैठा कर
दिल के महल में लाए हैं
लोक परलोक को रख कर परे
दिल की रुक्मणी तुम्हें बनाए हैं

****

तुम मेरे रक्त में प्रवाहित होती रहती हो
मेरे दिल का प्राणायाम होता रहता है
तुम मुझ में अनुलोम विलोम करती हो
मेरे मन का व्यायाम होता रहता है

****

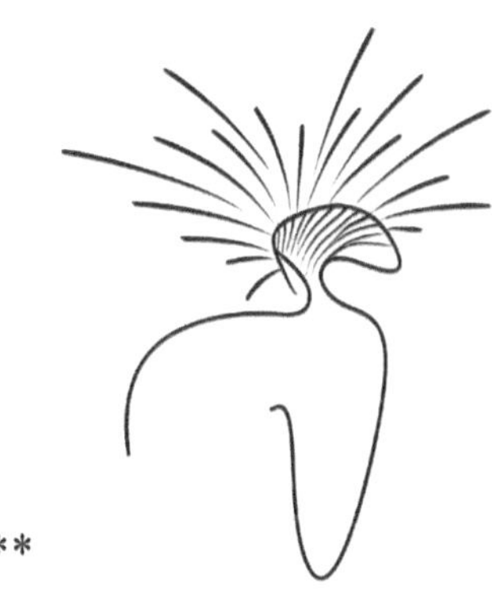

****

धड़कन धीमी सी हो रही है

साँस थम सी रही है

तेरी क़मी हो रही है

नब्ज जम सी रही है

****

परिंदों का कहाँ अपना आशियाना होता है

उनका घर तो आसमान है

ठहरता है वही जिसकी क़ैद उड़ान है

****

****

तुझसे एक पल भी दूर होना नहीं चाहता
अकेले इस भीड़ में खोना नहीं चाहता
नहीं गँवारा अब तुम्हारे सिवा कुछ भी
तेरे साये के बग़ैर मैं सोना नहीं चाहता

****

तुमने मेरे दिल में दीप जलाया है
मेरे अंदर के तमस् को भगाया है
रोशनी की है तुमने मेरे जीवन में
तुमने मेरी रूह को जगमगाया है

****

****

तू पनघट पर इठलाती गौरी

मैं गायें चरता मनमौजी ग़्वाला

यूँ चखता तुझको चोरी चोरी

मैं मद्यप्रेमी तू मधुशाला

****

जब तू मेरे आस पास होती है

मख़्सूस[36] मेरी हर एक साँस होती है

तेरी क़ुर्बत[37] देती है फ़िरदौस ए ज़िंदगी का सबब[38]

ख़ुदा की ख़ुदाई[39] मेरे पास होती है

****

---

36 विशेष
37 नज़दीकी
38 जीवन में स्वर्ग का अहसास
39 ईश्वर कृपा

****

इस सुबह में तेरी ख़ुशबू घुली हुई है
ये क़ायनात तेरे हुस्न से धुली हुई है
ये समाँ तेरे नूर से नहाया हुआ है
ये मेरी बाहें भी तेरे लिए खुली हुई हैं

****

तेरे होने से ही सरकार हूँ मैं
तू जो नहीं तो बेकार हूँ मैं
जो चकोर की पलकों को झपकने नहीं देती
वो चाँद को पाने की दरकार हूँ मैं
तू मुकरती रहे लाख मोहब्बत से मगर
तेरी आँखों से झलकता इकरार हूँ मैं

****

****

फिर हुआ यूँ कि वो शहर शहर ना रहा,
यादों की एक डायरी हो गया
जीती जागती
जिसके एक एक पन्ने पर छपी हैं
मुलाक़ातें

****

तेरे ख़्वाब से हर शब[40] लिपट कर सोते हैं
करते ही आँखें बंद तेरी बाहों में होते हैं
अपनी रूह को छोड़ आया हूँ तेरे ज़िस्म में
हम कहीं भी हों तेरी साँसों में होते हैं

****

---

[40] रात

****

तुम ही मेरे जीवन का आधार हो
मेरा सबसे फलने वाला व्यापार हो
जो चल दूँ तुम्हारी ओर तो मुड़ के ना देखूँ
जिसमें मैं चाहूँ डूबना वो मँझधार हो

****

मैं शबरी तुम राम हो
मैं मीरा तुम श्याम हो
मेरे परधाम का हो मार्ग तुम
तुम मेरे चारों धाम हो

****

****

मेरे ज़हन में जो भी हो
हर वो मन्नत पा लूँ
मैं तेरे क़दमों में सर रखूँ
और जन्नत पा लूँ

****

तुम ही ख़्वाब हो मेरा
मेरा जुनून हो
मेरी मृग तृष्णा हो
तुम ही राधा हो मेरी
रुक्मणी भी हो
तुम ही मेरी कृष्णा हो

****

****

मैं इस कदर हस्सास[41] तो कभी ना था

तो क्या मोहब्बत का एहसास भी कभी ना था

ज़िंदगी मुझे डुबाएगी एक दिन, पता था

मगर साहिल पर भँवर का क़यास ना था

****

तुम्हें पाकर अब मैं महकने लगा हूँ

चिड़ियों की तरह मैं चहकने लगा हूँ

मैं तुमको नस नस में अब भरने लगा हूँ

तुम्हें खोने से बहुत अब डरने लगा हूँ

****

****

आज भी उसे देखकर दिल में कसक उठती है
आज भी उसे देखकर दिल धड़क उठता है
आज भी उसे तलाशती हैं मेरी नज़रें
आज भी उसे याद करके "गौरव" सिहर उठता है

****

एक अरसे से हैं हम तरसे
ना बिजली कड़की ना बादल बरसे
कर दो एक बार हम पर बरसात मोहब्बत की
कि ना फिर तुम तरसो ना हम तरसे

****

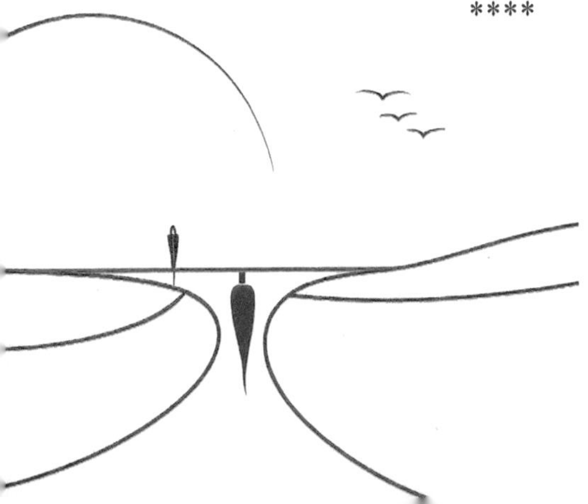

****

बेवजह ये ज़िंदगी जिए जा रहा हूँ

ग़म के कड़वे घूँट पिए जा रहा हूँ

कौन कहता है मरने के बाद ज़िंदगी नहीं

देखो मैं फिर भी जिए जा रहा हूँ

****

मैं ज़िंदगी को जीना चाहता हूँ

भर पेट ज़हर पीना चाहता हूँ

चीख चीख कर बोलना चाहता हूँ

कि मैं भी इंसान हूँ

बरसों से बंद ज़ुबान को खोलना चाहता हूँ

****

****

सफ़र का भी अपना मज़ा है

इसके बिना ज़िंदगी सज़ा है

ना हो ये सफ़र खतम कभी

ख़ुदा से बस यही इल्तिजा[42] है

****

आज पहली बार ठीक से मुझे पहचाना है किसी ने

यूँ लगता है जन्मों से मुझे जाना है किसी ने

जाने क्यूँ खिंचा जा रहा है मन उसकी ओर

जैसे मेरे मन की डोर को थामा है किसी ने

****

---

[42] विनती, प्रार्थना,

****

वो दो आँखें मेरी आँखों से हटती नहीं
उन में है एक उदासी जो घटती नहीं
लोग कहते हैं बहुत ख़ुश रहती है वो
मुझे मालूम है ख़ुशियों से उसकी पटती नहीं

****

ऐ ज़िंदगी अब तू मुझे आराम करने दे
सज़दा[43] मेरे पीर का सुबह शाम करने दे
दे दे मुझे रिहायी इस ज़िस्म के पिंजरे से
या फिर मुझे मोहब्बत तमाम करने दे

****

---

[43] माथा टेकना

****

अतीत का कोहरा अब छँटने लगा है
सुबह का सूरज निकल गया हो जैसे
क़दम बढ़ रहे हैं अब किसी ओर
जीने का मक़सद मिल गया हो जैसे

****

तुमसे बात करने का बहाना ढूँढता है
दिल तो दिल है फिर नया फ़साना ढूँढता है
गुनगुना सकें जिसे ताउम्र शिद्दत से
अपने लबों के लिए वो तराना ढूँढता है

****

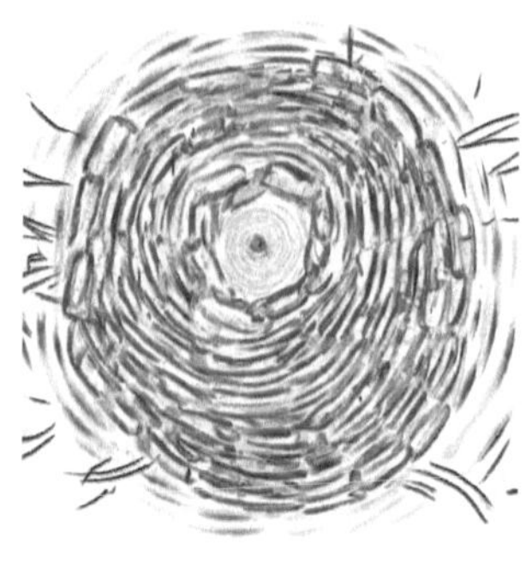

****

उसकी हँसी में है एक ख़ालीपन सा
और आँखों में रूहानी पन सा
थोड़ा सा ख़ुदा जैसा थोड़ा इंसानी पन सा

****

जिस मोड़ पर आकर वो मुझे मिला है
ग़म ए सहरा[44] में जैसे गुल खिला है
अब तलक़ क्यूँ था वो ओझल नज़रों से
क़िस्मत से "गौरव" का बस इतना गिला है

****

****

उस से मिलकर ये जाना कि ऐसा भी ज़िया जा सकता है
जो भी हो करने की तमन्ना, किया जा सकता है
नहीं हूँ मैं हिमायती खुश रहने का
मगर दूसरों को धोखा तो दिया जा सकता है

****

ठहरे हुए पानी की तरह बहती है
मेरी बयाज़[45] मेरी ही कहानी कहती है
नहीं है भीड़ इसमें बहुत नामों की
बस तू, मैं और मेरी तन्हाई रहती है

****

---

[45] हस्तलिखित कविता की डायरी

****

दो दिन ऐसे बीते दो बरस गए हों जैसे

तेरे दीदार को ये नैना तरस गए हों जैसे

मेरी तलब ए दीदार[46] तो मेरी आँखों में बनी रही

मेरे सुकून ए रूह को ये बादल बरस गए हों जैसे

****

तू जो फेर दे अपना हाथ मेरे बालों में

पलक झपकते ही सवेर हो जाए

नहीं ज़रूरत सोने, चाँदी, या हीरों की

जिसे तू मिल जाए वो यूँ ही कुबेर हो जाए

****

****

तेरी याद आती रही दिन भर

ज़िंदगी दौड़ाती रही दिन भर

एक भीड़ से घिरा रहा मैं दिन भर

फिर भी मैं तन्हा रहा दिन भर

****

वो लड़की ना जाने किन हालातों से हो के गुजरी है

है वो नाज़ुक कलियों सी, काँटों से हो के गुजरी है

मिले उसे भी सुकून अब इन रंज ओ अलम[47] से

मैं लिखता रहूँगा बारे उसके अपनी कलम से

****

---

[47] शोक और दुःख

****

हसरतों के तालाब लिए बैठा है
ये दिल ना जाने कितने सैलाब लिए बैठा है
बदचलन, आवारा, बेहया, बेग़ैरत
छोटी सी जान, मगर कितने ख़िताब लिए बैठा है

****

उसकी हँसी देखकर ज़िंदगी मुस्कुराती है
प्यास, तड़प, तमन्ना, रूह जाग जाती हैं
उसकी आँखों में है एक अजब सी क़शिश
गिले, शिक़वे, शिकायतें खुद ब खुद भाग जाती हैं

****

****

मुझे नहीं मालूम क्या होता है हुस्न

मेरे लिए हसीं वो है जो तेरे जैसा हो

सरे राह भटकना नहीं है मेरे हुरूफ़[48] में शामिल

मगर है गवारा ग़र भटकाव तेरे जैसा हो

****

ख़ुदा भी मुझे रश्क़[49] से देखता होगा

जब भी तेरा हाथ मेरे हाथ में देखता होगा

सोचता होगा क्यूँ भेजा तुझे जमीं पर

मायूसी में पन्ने पलट कर देखता होगा

****

---

[48] वर्णमाला
[49] ईर्ष्या, किसी को हानि पहुँचाये बिना उस जैसा बनने की भावना

हर दम बेचैनी सी बनी रहती है,
मेरे दिल तुझे सुकून क्यूँ नहीं मिलता
दगा मिलती है, जफ़ा[50] मिलती है, सदा[51] मिलती है
जीने का जुनूँ क्यूँ नहीं मिलता

****

है जाड़े की ठिठुरन ऐसी कि
जिस्म तो क्या रूह को भी ज़मा जाए
पिघल जाए ये चौतरफ़ा जमी बर्फ़
जो तेरी उँगलियाँ मेरी उँगलियों में समा जाए

****

****

सब फ़ीक़ा फ़ीक़ा सा बेरंग नज़र आता है

जब तू जाता है, तेरे साथ समाँ जाता है

हर दर ओ दीवार, हर शय तुझे तलाशती है

साँस उखड़ती सी जाती है, खून जमा जाता है

****

ज्यों किशन से मिलन को राधा भोगे तड़पन

ज्यों कान्हा दीद की आस में मीरा वारे तन मन

त्यों "गौरव" भी अपना सब कुछ करके तुझको अर्पण

पूजे है, सत्कार करे है, करे है तेरा सिमरन

****

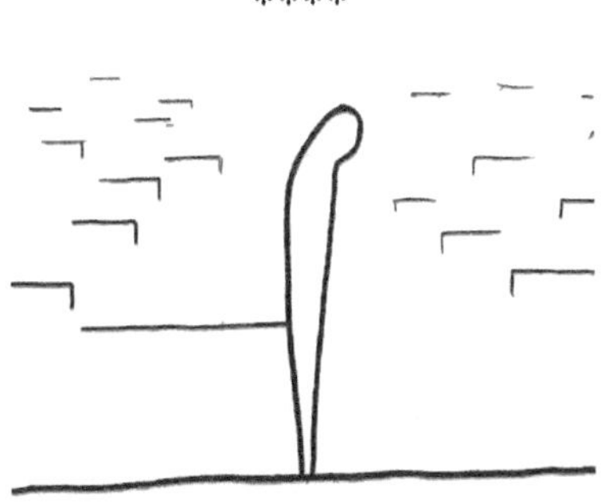

****

सुनो! जब तुम पास नहीं होती हो ना
तब भी तुम बहुत पास होती हो
मैं साँसों में तुम्हें महसूस करता हूँ
मेरी धड़कन में तुम सुनाई देती हो
तुम से परे मेरे ख़याल नहीं जाते
बंद आँखों से भी तुम दिखाई देती हो

****

तुम्हारी याद की बाद ए सबा में[52]
सब कुछ उड़ता फिरता है
कुछ जुल्फ़ें उड़ती हैं मेरी
कुछ चैन भी उड़ता फिरता है

****

****

तुम्हारी याद आ रही है
मुझे नींद नहीं आ रही है
सब सो रहे हैं चैन से
मेरी जान रही है

****

तुम हो साथ ग़ैर के ये गवारा नहीं है मुझे
तुम्हारे सिवा कोई और प्यारा नहीं है मुझे
दिल को कैसे सम्भाले बैठा हूँ मुझे नहीं पता
लौट आओ इसी पल, कैसे? मुझे नहीं पता

****

****

कविता मैं भी लिख सकता हूँ
बस शर्त ये है कि
कागज़ तेरा बदन हो
कलम मेरी उँगली

****

उसके बिना ज़ीना कितना मुश्किल है
ज़हर जुदाई का पीना कितना मुश्किल है
जो दिखे, उसका तो इलाज़ है मुमकिन,
अदृश्य घावों को सीना कितना मुश्किल है

****

****

तुम्हारे बिना जीने का अब कोई फ़ायदा ही नहीं रहा

कोई काम नहीं रहा कोई क़ायदा ही नहीं रहा

तुम थी तो था निभाने को बहुत कुछ

अब तो किसी से किया कोई वायदा ही नहीं रहा

****

बलिदान दिया जो वीरों ने वो व्यर्थ नहीं जाएगा

उनकी क़ुर्बानी पर हर हिंदुस्तानी अश्रु बहाएगा

इन जवानों की शहादत पर हर दिल में चीत्कार है

प्रतिशोध हो, प्रतिशोध हो जन जन की यही पुकार है

****

आज़ाद अशआर

****

होश, लाज़, अक्ल, बंधन सब गुम हो
नदी का किनारा हो, मैं और तुम हो

****

ये जो आँखें हैं, हज़ारों जाम लिए बैठी हैं
मेरे क़त्ल का सामान तमाम लिए बैठी हैं

****

पल पल साँस लेने की मिली हमें सजा है
हम कहते हैं ज़िंदगी, पर इस से बेहतर तो क़ज़ा[53] है

****

घर की तलाश में इस शहर में आया था
चार दीवारें मिली और क़ैद हो गया

****

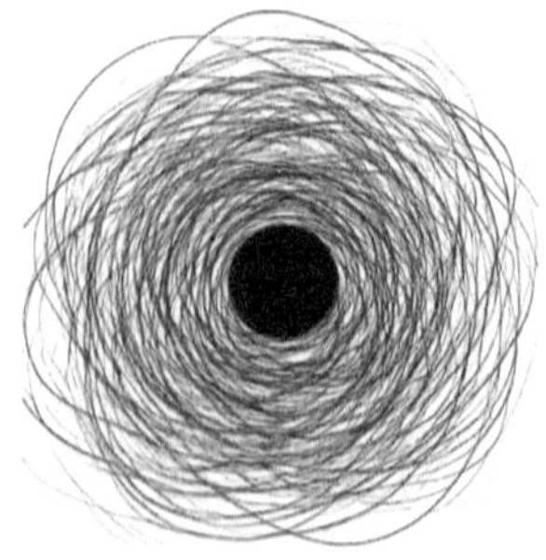

****

ख़ामोशी तुम्हारी जान ना ले ले हमारी
कुछ बोलो कि हमारी साँस चले

****

चैन ओ अमन था, दर्द ओ तकलीफ़ हासिल ना थे
मंज़िल उनको मिली जो सफ़र में शामिल ना थे

****

आज फिर मसरूफ़[54] हूँ मैं, मुझे मत टोको
आज फिर सूरज निकला है, आज फिर दिल टूटा है

****

क़ायम रहकर भी ना-क़ायम है
दर्द का अपना मज़ा है, तीखा है, मुलायम है

****

---

[54] व्यस्त

****

आग और भड़केगी तुम्हें आग़ोश में लेने से
मुझे धीमी आँच पर ही जलने दो

****

दर्द तो है अब मेरे किरदार का हिस्सा
ये ना हो तो बदन सा टूटता है

****

आराम तो मुझे इस बेचैनी में ही मिलता है
एक दिन भी अगर ये ना हो तो जी नहीं पाऊँगा

****

तुमको चाहना पानी को हाथ में पकड़ने जैसा है
हाथ भीग तो जाते हैं पर हाथ कुछ नहीं आता

****

****

तेरे लिए सब कुछ छोड़ के घूम रहा हूँ
कर के तुझको ख़ुदा, तेरे क़दमों को चूम रहा हूँ

****

वो जो हमने किया ही नहीं उस पर वो ख़फ़ा हुए
उम्र भर करके वफ़ा हम ही बेवफ़ा हुए

****

मेरी ज़िंदगी की सबसे ख़ूबसूरत ख़ता हो गए हो
तुम इस लापता क़ाफ़िर[55] का पता हो गए हो

****

मुझे जन्नत की हक़ीक़त मालूम है
वो तुमसे थोड़ी कम ख़ूबसूरत है

****

---

⁵⁵ अधर्मी, नास्तिक, दुष्ट

****

तुम लगती हो खूबसूरत हर एक लिबास में
है नमकीन सा ज़ायक़ा तुम्हारी मिठास में

****

बेपनाह राहत मोहब्बत की सज़ाओं में होती है
तेरे बदन की महक जब फ़िज़ाओं में होती है

****

अजीब आग है जितना भड़के उतना सुकून मिलता है
जितना दर्द मिलता है उतना जुनून मिलता है

****

तुम साँस, तुम रूह, तुम धड़कन हो
तुम आह, तुम चाह, तुम तड़पन हो

****

****

तुम हम में, हम तुम में, कहीं ख़ो जाएँ
बाहों में बाहें उलझायें, चलो सो जाएँ

****

तेरी आँखों में है एक भँवर
मैं तैरना जानू तो भी डूब जाता हूँ

****

तुझे अपनी बाहों के घेरे में घेरे रखने दे मुझे
और फिर दुनिया से मुंह फेरे रखने दे मुझे

****

सुबह सुबह जब तुमसे बात हो जाती है
इस क़ाफ़िर की अता नमाज़ हो जाती है

****

****

ये ख़ुश्क मौसम और ये सर्द हवाएँ
तुम अगर पास होते तो एक एक कप चाय पीते

****

ये जो काले सूट पर सुनहरा दुपट्टा लेकर निकलती हो घर से
ख़ुदा भी निकल निकल के देखते हैं तुम्हें अपने दर से

****

तुझे सोना बनाने के लिए
मैंने खुद को मिट्टी कर दिया

****

हर एक शख़्स मुझे गिराने में लगा है
मेरे भरोसे का होश अब ठिकाने लगा है

****

****

खुशी के कभी दो तो कभी चार पल हैं
एक ग़म ही है जो मुसलसल है

****

अच्छा है वो बीमार जो अच्छा नहीं होता
ग़र हो जाए हरी तबियत वो इश्क़ सच्चा नहीं होता

****

बेचैनी बेक़रारी मुझे तड़पा रही है
तुम लौट आओ कि साँसें भारी हो रही हैं

****

चमन के फूल मुझसे चिढ़ते हैं
तेरी ख़ुशबू जो साथ लिए फिरते हैं

****

****

ये जो मेरी मोहब्बत की नाक़ामी है
ये मेरी ख़ुद की बद-इंतज़ामी है

****

सुनो! मैं जागता रहता हूँ रातों में
जो बात तेरे ख़्यालों में हैं वो ख़्वाबों में कहाँ

****

सुनो! जब तुम आँखें दिखाती हो ना
मुझे मेरी ज़िंदगी दिखायी देती है

****

किसी दिन मुझ से मिलने आओ
और फिर मुझ में समा जाओ

****

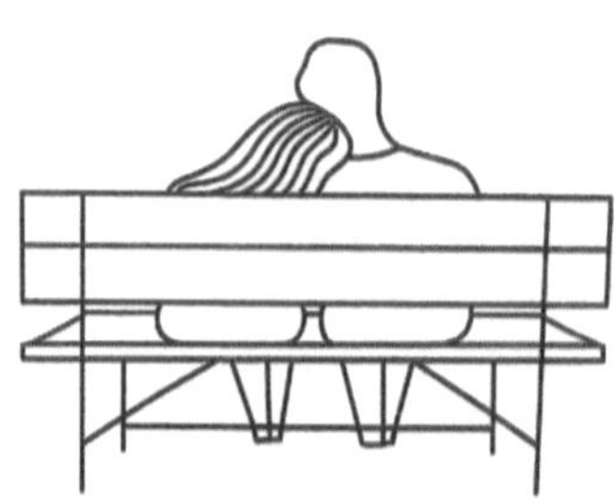

****

तेरा नाम ले लेते हैं तुझे याद कर लेते हैं
मेरी बेचैनियों का इलाज कितना सस्ता है

****

कुछ इस कदर मेरी रूह को तुमने छुआ है
ज्यों राम जी ने अहिल्या को

****

मेरा चैन मेरा अमन मेरा सुकून हो तुम
मेरा दीन मेरा ईमान मेरा जुनून हो तुम

****

दिल करता है ले लूँ छीनकर उस से सारे ग़म
मगर डरता हूँ कहीं वो भी ना ख़ल जाए उसे

****

****

ख़ुदा ने सारे ग़म मेरी क़िस्मत में ही लिख रखे हैं
"गौरव" तूने करम ही ऐसे कर रखे हैं

****

आज भी दिल के किसी कोने में उसकी यादें बसती हैं
आज भी मेरे हाल पे मेरी क़िस्मत हंसती है

****

तेरे ग़म ने बना दिया मुझे इतना क़ाबिल
कि दुनिया के सारे ग़म अब छोटे लगते हैं

****

माथे की हर एक शिकन उतार देती है
उसकी एक मुस्कान मेरी थकन उतार देती है

****

****

इस दुनिया में मेरी एक दुनिया है
उस छोटी दुनिया में एक दुनिया है
जो मेरे लिए पूरी दुनिया है

****

मरने की ख़्वाहिश है मेरी, वो जीने की दुआ देते हैं
वो मेरे दर्द को जी भर के हवा देते हैं

****

तुम्हारे जाने के बाद मैं बहुत ख़ो सा गया हूँ
शांत, उदास, हताश, निराश हो सा गया हूँ

****

वो भी किसी सरकार से कम नहीं
हर बार वादा करके तोड़ देती है

****

****

मेरे अंदर बरसों से एक शख़्स छुपा बैठा है
डरता हूँ वो बाहर आया तो क्या होगा

****

जो था ही नहीं अपना उसे खोना कैसा
जब तनहा ही रहना है तो रोना कैसा

****

जुबान अगर ना भी बोले, ख़ामोशी भी ख़ामोश हो
दिल कैसे सम्भाले जब आखें ही मदहोश हो

****

हम नादान थे कि समझे हमसफ़र है वो मेरा
वो हमसफ़र तो था मगर हमसफ़र नहीं था मेरा

****

****

मेरे दिल के अंदर बहुत अंदर तन्हाई बसी है
उस तन्हाई के अंदर बहुत अंदर मेरी रिहायी बसी है

****

मोहब्बत के इस खेल में कुछ भी फ़ैसला हो ना सका
ना तो तुम ही हो सके मेरे, मैं भी किसी का हो ना सका

****

उसकी याद जाती है मगर जाती नहीं है
वो आती है ख़्वाब में मगर आती नहीं है

****

ज़िंदगी के ज़ाम को पीना सिखा रही है
एक लड़की आज़कल मुझे ज़ीना सिखा रही है

****

****

यूँ नहीं तमन्ना कुछ बनने की
बस कुछ बन जाऊँ इतना काफ़ी है

****

मैं उस से जंग ए इश्क़ को बार बार जाता हूँ
वो मुझको जीत जाती है मैं उसको हार जाता हूँ

****

कुछ इस तरह भी अपने ग़म को छिपा लेता हूँ
मैं जब बहुत ग़म में होता हूँ तो मुस्कुरा लेता हूँ

****

माना खुद पर शर्मिंदा है
लानत है "गौरव" तू फिर भी ज़िंदा है

****

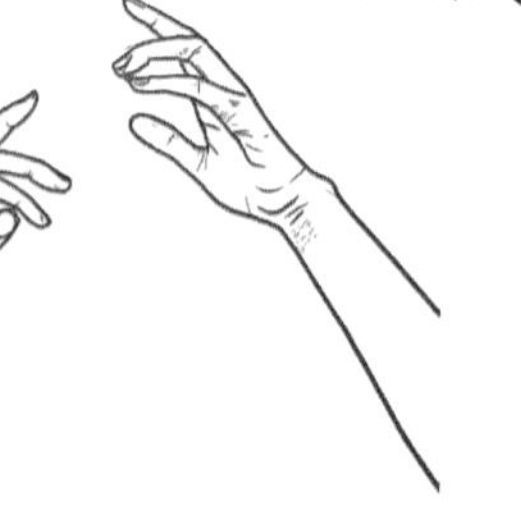

****

एक अरसे के बाद सुकून की जमीं मिली है
ऐ दिल ख़ुश हो जिसकी थी तलाश वो क़मी मिली है

****

उसका ख़याल दिल ओ दिमाग़ में घर कर गया है
इतना गहरा वो इंसान मुझ में उतर गया है

****

एक चेहरा है जो आज़कल ज़ेहन में छाया रहता है
यूँ लगता है हर वक्त संग मेरे उसका साया रहता है

****

मेरी मासूम रूह को हैरत में डाल देता है
तेरा जी कहना मेरा जी निकाल देता है

****

****

अब नहीं तमन्ना कुछ और देखूँ मैं
उसका दीदार हो दिन रात बस इतना काफ़ी है

****

इस दुनिया में ये रिवायत जुदा बना दूँ
तुझे मंदिर में रख दूँ, ख़ुदा बना दूँ

****

मुझे पहली दफ़ा शामें हसीं मिली हैं
दिल को भी फ़ुरसत की जमीं मिली हैं

****

फिर से उस जुनून को जी रहा हूँ
फिर से ज़हर के घूँट पी रहा हूँ

****

****

अब तो मैं मैं ना रहा तुम हो गया हूँ
तेरी ही शख़्सियत में ग़ुम हो गया हूँ

****

तेरे दिल में बन गयी मेरी सरकार ही सही
फिर चाहे मैं मक्कार हूँ तो मक्कार ही सही

****

उलझें हैं दोनो इस कदर की धड़कनें एक हो गयी हैं
दो आज़ाद रूहें एक दूजे में समा कर नेक हो गयी हैं

****

मेरे क़दम आज़कल मेरे दिल की सुन रहे हैं
राह जो है काँटों भरी उसे चुन रहे हैं

****

****

अब तेरे शहर में आया हूँ तो कुछ तो ले कर जाऊँगा
खुद को छोड़ कर, या तुझे साथ लेकर जाऊँगा

****

क्या है ये दबी दबी सी ज़िंदगानी
कभी काँटों की सेज कभी दरिया उफ़ानी

****

अब के जो मिले हो तो दूर मत जाना
मँझधार में छोड़ कर हुज़ूर मत जाना

****

एक शख़्स ने आज दूर जाने की बात की
तो एहसास हुआ कितना गहरा समाया है वो मुझमें

****

****

अब तो उसके सिवा कुछ सूझता ही नहीं
वो अब शख़्स नहीं ख़ुदा है मेरा

****

ऐ ज़िंदगी ज़िंदा हूँ अगर मैं तो जीने दे
कड़वे ही सही ये लहू के घूँट पीने दे

****

ये ज़िंदगी अब तेरे ही इर्द गिर्द घूमती है
तेरा ही सज़्दा करती है, तेरे ही क़दम चूमती है

****

ये बात मेरी समझ से परे है कि
ज़िंदगी में उलझनें है या उलझनों में ज़िंदगी

****

लवकेश "गौरव"   113

****

वो जब सामने आता है तो मेरा हर ग़म कट जाता है
दिल, ज़िस्म, जान, दिमाग़ हिस्सों में बँट जाता है

****

नहीं रहना मुझे अब खुद सा बनके
ऐ ख़ुदा अब मुझे आज़ाद होने दे

****

अब मैं एक नयी दुनिया बसाना चाहता हूँ
टूटे ख़्वाबों को फिर से सजाना चाहता हूँ

****

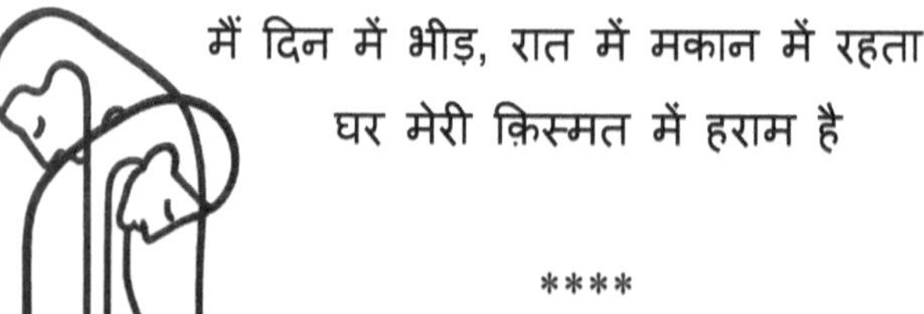

मैं दिन में भीड़, रात में मकान में रहता हूँ
घर मेरी क़िस्मत में हराम है

****

****

दिन और रात गुज़रता है ज़िम्मेदारी निभाते,
एक शाम है जो मेरा इंतज़ार करती है

****

कहाँ उतरती होगी तुम्हारी भी थकन
रात भर मेरे खवाबों में सैर करते हो

****

ज्यों ज्यों रात का पारा चढ़ता जाता है
दिल क़दम दर क़दम तेरी और बढ़ता जाता है

****

मैं जिसको भी चाहता हूँ वो मिल नहीं पाता
फूल लड़ता तो है हालात से पर खिल नहीं पाता

****

****

सितारों को क्या दोष देते क़सूर सब अपना था
जिसे जिया पूरी शिद्दत से वो महज़ सपना था

****

तेरी ज़ुल्फ़ों की ओट में कुछ यूँ छिप जाऊँ मैं
ज़माना ढूँढे ज़माने भर में मगर नहीं पाऊँ मैं

****

उसकी हर शिकायत का कुछ यूँ जवाब दूँ
धर के उसके लबों पे लब एक बोसा[56] निसार दूँ

****

मैं ख़ुदा से माँगता हूँ क़ैद उमर भर की
बस है एक शर्त कि दीवार उसकी बाहें हों

****

---

[56] चुंबन

****

तेरे आरिज़[57] हैं कि हैं ये टुकड़े मख़मल के
जब भी छूता हूँ, फिसल जाता हूँ

****

चाँद निकला है आज दिन में वहाँ
जहां दो दिन से सूरज भी ना निकला था

****

वो एक शीत लहर सी आती है
मैं बर्फ़ सा ज़मा उसे देखता रहता हूँ

****

मेरे ज़ेहन से एक पल को भी तेरा ख़याल नहीं जाता
जवाब सोचता रहता हूँ मगर सवाल नहीं जाता

****

---

[57] गाल

****

तुम मुझ में मैं तुझ में खोता जा रहा हूँ
हर रोज़ थोड़ा और तेरा होता जा रहा हूँ

****

मैंने एक सपना देखा है
सपने में तुझ को अपना देखा है

****

इस क़दर तू मुझ में समाया है
मैं अगर रूह हूँ तू मेरी काया है

****

इश्क़ लाता है हमेशा दौर इम्तिहानों का
कभी वक्त ज़लज़ले[58] का कभी तूफ़ानों का

****

---

[58] भूकंप

****

जब वो देखती है मुझे तो वक़्त थम सा जाता है
बर्क़[59] गिरती है ज़िस्म पे, बदन जम सा जाता है

****

इस सर्दी में तेरे ख़्यालों से मेरी धड़कन जम गयी
चाय के उठते धुएँ से तेरी सूरत बन गयी

****

दिल पे होती है दस्तक तो लगता है कि तुम हो
कानों में होती है आहट तो लगता है कि तुम हो

****

तेरे बोल हैं या मंदिर की घंटी की खनक
मेरी रूह भी पवित्र कर देती है

****

****

मुझे अब रात दिन यही काम रहता है
दिल में तेरी तस्वीर, लब पर तेरा नाम रहता है

****

तुम नहीं होती हो तो मैं डरावने ख़्यालों में खो जाता हूँ
फिर मुझे कुछ समझ नहीं आता, मैं सो जाता हूँ

****

एक दूसरे को बनाकर सीढ़ी चढ़े जा रहें हैं
इंसान यूँ कामयाबी गढ़े जा रहे हैं

****

तेरा खुमार ऐसा चढ़ा अब उतरता नहीं
तेरे बिना एक दिन अब गुज़रता नहीं

****

****

जो नहीं हुआ अब तलक़ ऐसा कोई कमाल होने वाला है क्या
गुज़रे हुए सालों से जुदा ये साल होने वाला है क्या

****

मुझ में तुम हो तुझ में में हूँ आधा
मेरे मन मंदिर की तुम हो राधा

****

ये जो झीने झीने काँच से छन के आता है तेरा अक्स
ये दीदार की प्यास को और बढ़ा देता है

****

तेरे ही दीदार को तड़पता रहता है
मेरा दिल मेरे दिमाग़ से झगड़ता रहता है

****

****

उसने किया था जब इनकार ए मोहब्बत
वो भी सबब ए मोहब्बत बन गया

****

जब सोचूँ तेरे बारे में तो लगता सब बेमानी है
बाक़ी सब दुनियावी है तेरा साथ रूहानी है

****

अब ज़िंदगी में फ़क़त ये व्यापार चाहता हूँ
शब, सुबह, शाम में तेरा दीदार चाहता हूँ

****

तेरी आँखें नहीं हैं दो जलते हुए दिये हैं
मेरे ज़ेहन, दिल, रूह को रोशन कर किये हैं

****

****

कितनी तेज़ चल रही है हवा, फिर भी
नहीं छोड़ पा रही पीछे, तुम्हारी याद को

****

दिन ढलता है तमाम सूरज शाम में डूब जाते हैं,
आकर वापस अपने नशेमन में पंछी ज़ाम में डूब जाते हैं

****

जीते रहे तो मिलने की उम्मीद बनी रहेगी
वरना साँसें उखड़ गयी तो कौन पहचानेगा

****

आज तुझे थोड़ा और जाना, थोड़ा और तेरा हुआ हूँ आज
एक क़दम और बढ़ाया है समंदर में, थोड़ा और हल्का हुआ हूँ आज

****

तनहा रहने का सबब मुझसे बेहतर कौन जाने
मैंने उसके साथ रहकर भी खुद को तनहा पाया है

****

****

जिए जाने की सज़ा खुद को दिए जा रहे हैं
मीठे ज़हर के ज़ाम पिए जा रहे हैं

****

उस से जुदाई का मंजर मैं सह ना सका
वो चली गयी, मैं अलविदा कह ना सका

****

वक्त ओ हालात आ गए यहाँ खिसक खिसक के
काट दिया हर लम्हे को हमने सिसक सिसक के

****

आज फिर उसकी आँखों में आंसू हैं
आज फिर क़त्ल होगा मेरा

****

****

मुझे तुझ से ज़्यादा तेरी आँखों से मोहब्बत है
तुम लाख करो इनकार वो इकरार करती हैं

****

क़लम और साँसों में जंग ज़ारी है
देखना है पहले कौन टूटती है

****

है ज़िंदगी का मक़सद मेरी फ़क़त इतना
किसी का अर्बाब[60] होने से अहबाब[61] होने तक

****

तुम गंगा, तुम अमृत, तुम ही विश का प्याला हो
तुम आदि, तुम अंत तुम ही शिवाला हो

****

तुम भोले की जटाओं सी, तुम बनारस की शाम हो
तुम से ही निकलेगा रास्ता, तुम ही मुक्ति धाम हो

****

---

[60] मूर्ति, सनम का बहुवचन
[61] प्रियजन

अपने बारे में

पढ़ाई से मकैनिकल इंज़िनीयर, पेशे से अंत्रेप्रेन्योर (Entrepreneur), और दिल से शायर है। कहते हैं कि शायर किसी के नहीं होते और सबके होते हैं, कहीं के नहीं होते और सारी दुनिया इनकी होती है। पर कहीं तो पैदा होना होता है तो मेरा जन्म हरियाणा के एक गाँव खरावड़ (रोहतक) में हुआ, पला बढ़ा हिसार में और जवानी बीती गुड़गाँव में, जहां ज़िंदगी ले आयी 17 वर्ष की उम्र में, जिस शहर ने कभी फिर छोड़ा ही नहीं। हम दोनों एक साथ बालिग़ हुए और दोनों ने एक साथ ज़िंदगी के कई पड़ाव देखे। देखा एक दूसरे को बनते, बिगड़ते, फिर बिगड़ते, बनते और गिरते, सम्भलते। बहुत कुछ आया और गया पर हम दोनों एक साथ बने रहे।

कविताओं और ग़ज़लों का शौक़ बचपन से लग गया था जब पिता जी टीवी और रेडीयो पर 15 अगस्त, 26 जनवरी और होली पर कवि सम्मेलन और मुशाइरा सुना करते थे। ये कविताओं और ग़ज़लों से पहली मोहब्बत थी। नौकरी में व्यस्त हो जाने के बाद, दूसरी मोहब्बत हुई जब कुमार विश्वास के ज़रिए एक बार फिर शायरी मुख्यधारा में आयी। इसके बाद पढ़ने का सिलसिला ज़ारी रहा और इस दौरान मैंने बहुत से शायरों को पढ़ा। फिर हुई तीसरी और "आख़री मोहब्बत" जब ज़ौन एलिया को पढ़ा। ज़ौन एलिया को पढ़ने के बाद ऐसा लगा जैसे कि अब कुछ और पढ़ने की ज़रूरत नहीं है। उनको ही बार बार पढ़ते रहो बस। यही कारण है की ज़ौन एलिया की झलक मेरी शायरी में भी दिखती है। बस वहाँ से ऐसी दीवानगी चढ़ी जो वक़्त के साथ साथ

बढ़ती ही गयी। 17 सालों के कॉर्प्रेरिट नौकरी के दौरान पढ़ना और लिखना ज़ारी रहा। ज़िंदगी के उतार चढ़ाव, मोहब्बत, दर्द, उम्मीद, घटनायें, लोग, क़िस्से, जीत, हार, जगह, मुलाक़ातें और बिछड़ना हमेशा लिखने के लिए प्रेरित करते रहे। इन सब अहसासों को शायरी में पिरोने की मासूम सी कोशिश की है।

अपनी इतनी सालों की अहसासों की ज़मा पूँजी को इस क़िताब जिसका शीर्षक है "आधी उम्र" के रूप में आपके लिए लेकर आया हूँ।

यूँ नहीं तमन्ना कुछ बनने की
बस कुछ बन जाऊँ इतना काफ़ी है

शुक्रिया
लवकेश "गौरव"